Controle sua bexiga

DR. IRINEU RUBINSTEIN

Controle sua Bexiga

Prestígio
editorial

Controle sua bexiga
Copyright © Irineu Rubenstein, 2004

Capa e projeto gráfico
Vladimir Melo

Ilustrações
Luís Moura

Copidesque
Raquel Corrêa

Revisão
Lilia Zanetti
Taís Monteiro

Produção editorial
Cristiane Marinho

CIP-BRASIL. CATALOGAÇÃO-NA-FONTE
SINDICATO NACIONAL DOS EDITORES DE LIVROS, RJ.

R834c
   Rubenstein, Irineu
      Controle sua bexiga / Irineu Rubenstein. - Rio de Janeiro : Ediouro, 2004
      il.

   ISBN 85-00-01535-7

   1. Incontinência urinária - Tratamento - Obras populares. I. Título.

04-1415.   CDD 616.63
                                  CDU 616.62-008.22

05 06 07 08 09   8 7 6 5 4 3 2 1

Todos os direitos reservados à Ediouro Publicações Ltda.
Rua Nova Jerusalém, 345 Bonsucesso
Rio de Janeiro – RJ- CEP 21.042-235
Tel.: (21) 3882-8200 – Fax: (21) 3882-8212/3882-8313
www.ediouro.com.br

Sumário

Capítulo 1: O que é bexiga hiperativa? 7
Capítulo 2: Como funciona a bexiga na micção normal 9
Capítulo 3: Quais são os problemas de controle urinário? 13
Capítulo 4: Bexiga hiperativa é um problema muito comum? 17
Capítulo 5: Os principais sintomas para o diagnóstico 19
Capítulo 6: Questionário 23
Capítulo 7: Vamos organizar um diário das micções 27
Capítulo 8: Outros exames para o diagnóstico 29
Capítulo 9: O impacto da bexiga hiperativa na qualidade de vida 31
Capítulo 10: Como posso melhorar da bexiga hiperativa? 37
Capítulo 11: Mitos e fatos 49
Capítulo 12: Depoimentos de pacientes 51
Capítulo 13: Mensagens finais 53

O que é bexiga hiperativa?

Segundo a Sociedade Internacional de Continência (ICS), bexiga hiperativa é uma condição clínica caracterizada por urgência urinária, aumento da freqüência das micções, com ou sem perda urinária, ocorrendo na ausência de fatores metabólicos ou locais.

A expressão continência urinária refere-se à função normal da bexiga de conter a urina, ao passo que incontinência urinária é a perda involuntária de urina.

Os portadores de bexiga hiperativa urinam com uma freqüência exagerada durante o dia e também à noite. Em geral, urinam a cada hora ou a cada duas horas, e levantam à noite mais de três vezes para urinar. Se tentarem aguardar alguns minutos, perdem urina de forma involuntária. Freqüentemente perdem urina ao chegar em casa, logo ao colocar a chave na fechadura, tentando chegar rápido ao banheiro, ou então, ao molhar as mãos com água fria.

A bexiga é um reservatório muscular que armazena a urina. Quando ela está cheia, uma mensagem é direcionada ao cérebro, sinalizando que é hora de ir ao banheiro. O músculo da bexiga (detrusor) contrai-se e inicia a expulsão do líquido contido em seu interior. Nesta situação normal, você controla o momento em que quer ir ao banheiro. Porém, nos casos de bexiga hiperativa, o detrusor está "hiperativo", isto é, contrai-se mais vezes e de forma irregular. Isto significa que o detrusor contrai muito mais vezes do que o normal e de maneira involuntária, levando você a procurar o banheiro muito mais freqüentemente. Nesta circunstância, a bexiga controla você.

A bexiga hiperativa pode ter diversas causas. As mais comuns estão demonstradas na figura a seguir.

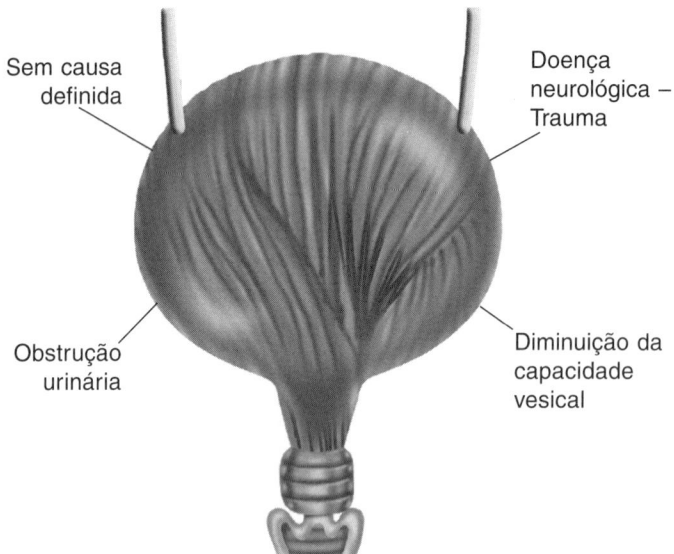

Fig. 1. Causas de bexiga hiperativa.

2

Como funciona a bexiga na micção normal

Para entendermos a função da bexiga e da uretra, é importante relembrar a anatomia do aparelho urinário e da região pélvica feminina, que se encontra nas figuras a seguir.

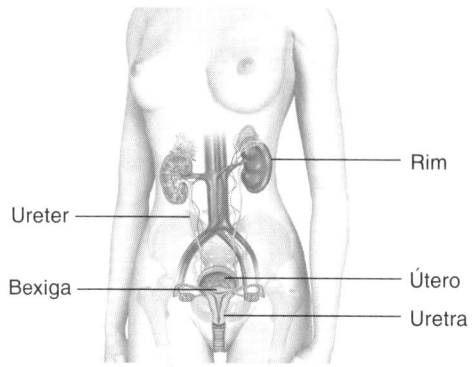

Anatomia feminina frontal

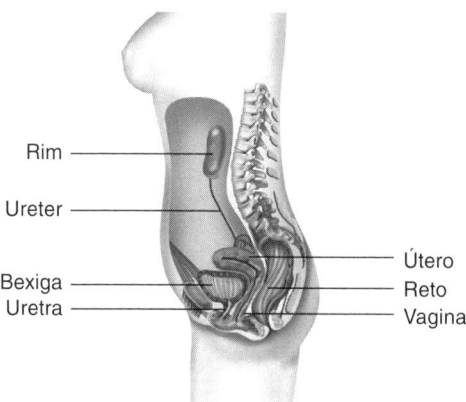

Anatomia feminina lateral

Figs. 2 e **3**. Demonstram esquematicamente a anatomia do aparelho urinário e da pelve feminina.

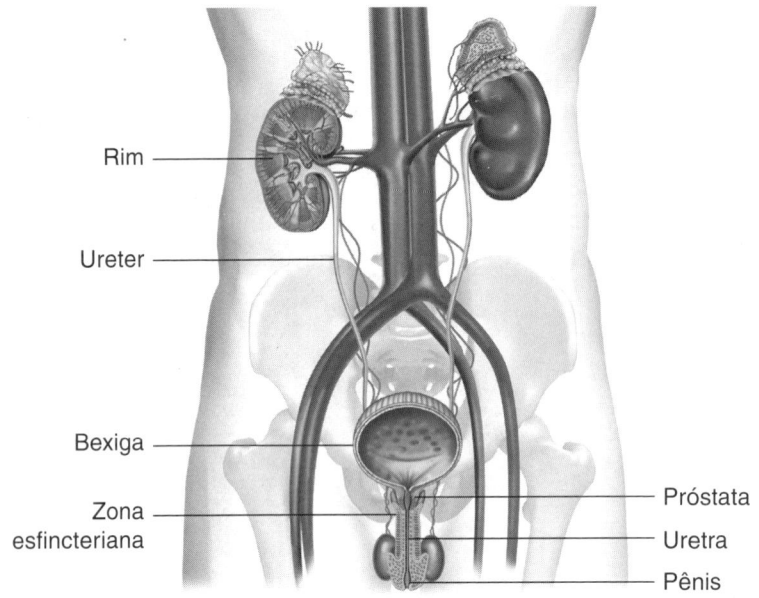

Anatomia masculina frontal

Fig. 4. Desenho esquemático mostrando os principais aspectos da anatomia do aparelho urinário e genital masculino.

Sabendo como uma bexiga normal funciona, você poderá entender o que acontece quando existe um problema de controle urinário.

A bexiga é um músculo que armazena a urina sem se contrair. Ela fica relaxada enquanto está armazenando, ao passo que a uretra permanece contraída justamente para reter a urina. Este é o processo de continência urinária, isto é, a bexiga serve como um reservatório para a urina. Quando uma pessoa vai urinar, o cérebro envia uma mensagem para a bexiga se contrair. Ao mesmo tempo, a uretra relaxa e deixa a urina passar. Trata-se de um processo complexo, bem elaborado, parecendo totalmente automático, porém está completamente sujeito à nossa vontade.

ou espirrar. Os homens podem ter problemas de controle da bexiga relacionados ao crescimento da próstata.

Entretanto, a maioria das pessoas com problemas de controle da bexiga não apresenta sintomas de doenças neurológicas ou lesões do trato urinário baixo, levando o raciocínio para o diagnóstico de bexiga hiperativa.

Quais são os fatores de risco para os problemas de controle da bexiga?

Os problemas podem ter início na época da gestação, quando a gravidez e o parto vaginal podem afetar o controle vesical. Entretanto, este problema melhora, na maioria das pacientes, alguns meses após o parto.

A série seguinte de eventos urinários acontece no período da menopausa, nas mulheres, e na idade acima de 50-60 anos nos homens, em decorrência do crescimento da próstata. Outros fatores independentes que afetam a função da bexiga são a faixa etária e as modificações nos tecidos do corpo, com diminuição do tecido colágeno e mudanças estruturais da própria bexiga.

Em função dos fatores de risco acima citados, e que podem afetar uma grande parte da população, é estimado que mais de 50% das mulheres e 30% dos homens terão algum problema de controle de bexiga durante sua vida.

O que pode ser feito para melhorar o problema?

A despeito dos problemas de controle da bexiga serem comuns, é sabido que um pequeno número de pacientes procura atendimento médico. Embora isto ainda não esteja bem claro, as pessoas aprendem a conviver com estes problemas ou acham que eles são normais. Atualmente, com as medicações e formas modernas de tratamento, todos os problemas de controle vesical podem ser tratados e melhorados, trazendo de volta uma excelente qualidade de vida.

Quais são os problemas de controle urinário?

A bexiga é um reservatório de forma globosa que está localizado na região pélvica. Apresenta duas funções específicas: atua como reservatório e na eliminação da urina. Os problemas de controle da bexiga consistem em condições que afetam ambas as funções deste órgão. Estes problemas causam uma série de transtornos que afetam a qualidade de vida das pessoas. Os mais comuns são: aumento da freqüência urinária, urgência para urinar, incontinência urinária e dificuldade para esvaziar a bexiga. Em geral, estão relacionados a uma ou a ambas as funções deste órgão. Por exemplo, a freqüência e a urgência urinária estão geralmente relacionadas a uma bexiga que não pode armazenar a urina até sua capacidade máxima. A capacidade da bexiga de um adulto varia entre 350 e 400ml. Os problemas de controle vesical aumentam com a idade em ambos os sexos, mas deve ser enfatizado, entretanto, que estes problemas nunca devem ser considerados normais e sempre devem ser tratados.

Quais são as causas dos problemas de controle da bexiga?

O controle da bexiga é regulado pela interação entre o sistema nervoso central (cérebro e medula espinhal), órgãos do aparelho urinário inferior (bexiga e uretra) e a musculatura do assoalho pélvico. Desta forma, qualquer doença que envolve este mecanismo de controle pode afetar o funcionamento da bexiga. Por exemplo, pacientes com doenças que envolvem o sistema nervoso central, tais como traumas raque-medulares, doença de Parkinson, acidente vascular cerebral (AVC) e esclerose múltipla, podem ter problemas de controle da bexiga. Além disto, irradiação e traumas sobre a região pélvica podem causar algum problema de controle vesical. A gravidez, o parto vaginal e a obesidade podem ser fatores de risco para a incontinência urinária de esforço, na qual as pacientes perdem urina ao tossir

Você usa forros porque não consegue chegar ao banheiro a tempo?	Sim	Não
Você perde urina quando tosse, espirra ou faz algum esforço físico?	Sim	Não
Se você respondeu afirmativamente a mais de três destas questões, isto lhe aborrece?	Sim	Não

Se você respondeu SIM a pelo menos duas perguntas, é provável que tenha algum problema de controle de bexiga e deverá procurar atendimento médico.

De que forma os pacientes podem falar sobre ⟨...⟩ **mas de controle da bexiga?**

Como existe uma grande diferença entre os indi⟨...⟩ difícil traçar uma linha divisória entre a função "normal" ⟨...⟩ mal" da bexiga. Geralmente aceita-se que qualquer sin⟨...⟩ nário ou de controle da bexiga que incomode o pacient⟨...⟩ interfira no seu cotidiano deva ser considerado "anorm⟨...⟩ esta definição, qualquer queixa relacionada ao aspecto⟨...⟩ ção da bexiga, e que traga desconforto ao paciente, d⟨...⟩ investigada. Problemas, como aumento de freqüência ⟨...⟩ ria, urgência para urinar, incontinência urinária, urinar ⟨...⟩ vezes à noite ou dificuldade para esvaziar a bexiga não de⟨...⟩ ser tolerados e nem considerados normais.

Os sintomas mais comuns relacionados a problemas ⟨...⟩ controle da bexiga são: aumento da freqüência urinária (m⟨...⟩ de oito vezes ao dia), urgência miccional, com ou sem perda ⟨...⟩ urina, levantar mais de duas vezes à noite para urinar, pe⟨...⟩ der urina com tosse, espirro ou qualquer atividade física. ⟨...⟩

A dificuldade para urinar pode evidenciar problemas d⟨...⟩ obstrução urinária, por exemplo, nos casos de doença da pró⟨...⟩ tata. Os sintomas podem também sinalizar outros tipos d⟨...⟩ doenças, tais como diabete e esclerose múltipla.

Se você quer saber se é portador de algum problema d⟨...⟩ controle de bexiga, responda ao questionário abaixo.

Você urina mais de oito vezes durante o dia?	Sim	Não
Você tem desejo premente e súbito para urinar?	Sim	Nao
Você perde urina antes de chegar ao banheiro?	Sim	Não
Você levanta mais de duas vezes à noite para urinar?	Sim	Não
Você usa forros por causa de perdas urinárias?	Sim	Não

Primeira etapa – Armazenando a urina

Toda vez que se ingere algum alimento líquido ou sólido, o organismo absorve líquido. Os rins filtram do sangue as substâncias que não interessam ao organismo, eliminando-as através da produção da urina. Esta, por sua vez, desce dos rins até a bexiga, através dos ureteres. A urina fica armazenada na bexiga até que haja a sensação de necessidade de urinar. O mecanismo esfincteriano e a musculatura do assoalho pélvico mantêm a uretra fechada. A urina permanece no interior da bexiga quando os esfíncteres e a musculatura pélvica estão contraídos.

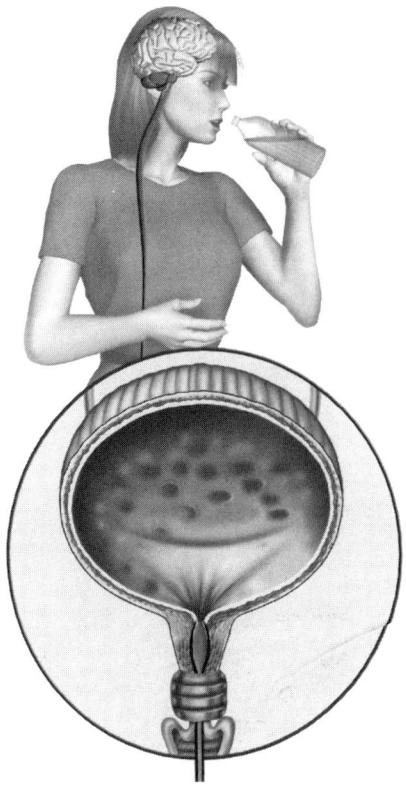

Fig. 5. A urina, após ser filtrada nos rins, é armazenada na bexiga.

Segunda etapa – Eliminando a urina

A urina é expelida da bexiga e deixa o nosso corpo através de um tubo denominado uretra. Sua eliminação é controlada pelo mecanismo esfincteriano, que rodeia a uretra. Quando a bexiga está cheia, os nervos daquela região mandam sinais para o cérebro, informando a necessidade de urinar. Neste momento é que existe vontade de urinar e, desta forma, deve-se procurar um local adequado para o ato de micção. Logo que se chega ao banheiro, o cérebro envia uma mensagem para o músculo da bexiga, a fim de que este se contraia, iniciando assim a expulsão da urina. Ao mesmo tempo, o cérebro manda uma informação para que os esfíncteres e a musculatura pélvica relaxem e deixem a urina passar. Quando você termina de urinar, os esfíncteres se contraem novamente, o detrusor cessa sua contração e fica relaxado, reiniciando o ciclo.

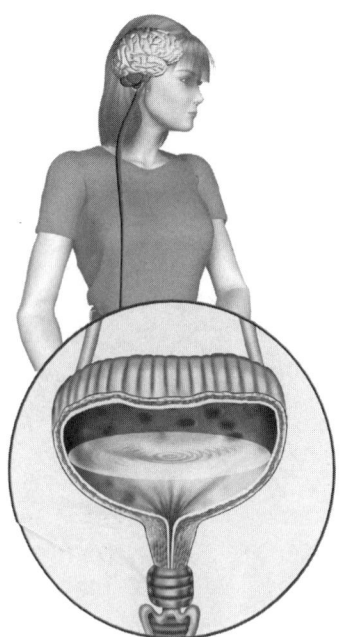

Fig. 6. No momento da micção, a musculatura da bexiga se contrai e os esfíncteres relaxam.

Bexiga hiperativa é um problema muito comum?

Saiba mais sobre este problema através destes dados estatísticos:

- Pelo menos 50 milhões de pessoas no mundo sofrem de bexiga hiperativa.
- De acordo com as últimas pesquisas, cerca de 16% a 17% dos indivíduos apresentam este problema.
- O número de pessoas que sofrem com bexiga hiperativa é maior do que as que padecem com osteoporose, doença de Parkinson ou Mal de Alzheimer.
- A maioria das pessoas com bexiga hiperativa tem apenas os sintomas de freqüência urinária aumentada e urgência urinária. Cerca de 30% a 40% sofrem de urge-incontinência.
- O custo estimado com diagnóstico e tratamento da bexiga hiperativa nos Estados Unidos chega a 2 milhões de dólares.
- O custo real do tratamento, incluindo o tempo gasto pela família para cuidar de um portador de bexiga hiperativa e a perda da produtividade no trabalho, é extremamente elevado.
- De acordo com a US Agency for Health Care Policy and Research (AHCPR), cerca de 80% dos casos de problemas de controle da bexiga podem ser melhorados ou curados através de tratamento efetivo, com medicações e mudanças comportamentais.
- A grande maioria da população geriátrica sofre com problemas de controle da bexiga.
- As contrações involuntárias que ocasionam a bexiga hiperativa representam a maior causa da incontinência na terceira idade.
- A perda urinária é citada freqüentemente como a causa mais freqüente das admissões em casas geriátricas, aumentando sobremaneira o custo do sistema de saúde.

- Cerca de 17% das mulheres acima de 45 anos sofrem com problemas de controle vesical ou com perda urinária. Este percentual sobe para 27% em mulheres acima de 75 anos.
- 44% das mulheres americanas declaram que tiveram de mudar seu estilo de vida por causa desta condição, e 12% disseram que tiveram de cessar alguma atividade, como, por exemplo, exercícios físicos.
- Mais da metade das mulheres sexualmente ativas e com problemas de controle de bexiga apresenta dificuldades na esfera sexual.
- As mulheres aguardam vários anos antes de conversar com um médico sobre seus problemas urinários.

BEXIGA HIPERATIVA

- 50 milhões de pessoas no mundo sofrem de bexiga hiperativa.
- 16% a 17% dos indivíduos apresentam este problema.
- Os sintomas mais comuns são freqüência urinária aumentada e urgência urinária.
- Cerca de 30% a 40% dos pacientes sofrem de urge-incontinência.
- A perda na produtividade no trabalho é extremamente elevada.
- Existe uma grande diminuição na qualidade de vida.
- As contrações involuntárias que ocasionam a bexiga hiperativa representam a maior causa da incontinência na terceira idade.
- Muitas mulheres apresentam dificuldades na esfera sexual, em razão dos seus problemas urinários.
- As mulheres esperam muito tempo antes de falar dos seus problemas urinários com seu médico.
- Pelo menos 80% dos casos podem ser melhorados ou curados através de tratamento efetivo, com medicações e mudanças comportamentais.

Os principais sintomas para o diagnóstico

Os sintomas de bexiga hiperativa podem incluir freqüência urinária aumentada, urgência para urinar e incontinência com urgência (urge-incontinência). Estes sintomas podem ocorrer isoladamente ou em conjunto. A urge-incontinência é definida como uma perda urinária que acontece logo após ou junto com um forte desejo de urinar. A urge-incontinência é causada por contrações involuntárias da bexiga, que ocorrem enquanto a bexiga enche. Uma pessoa com urge-incontinência e que esteja atenta ao desejo premente para urinar, pode não conseguir impedir a perda urinária até chegar ao banheiro. A perda urinária usualmente é de grande volume e chega a molhar as roupas do indivíduo.

Um sintoma adicional, muito freqüente nos idosos, é a nictúria, que significa acordar várias vezes à noite para urinar, prejudicando o sono do indivíduo. Esta condição incômoda afeta homens e mulheres de todas as idades, embora sua incidência aumente significativamente com a idade.

Algumas condições médicas, como, por exemplo, acidente vascular cerebral (AVC), diminuem a inibição das contrações da bexiga e ocasionam sintomas semelhantes. Este fator é denominado hiper-reflexia do detrusor. Outros fatores locais, tais como, infecção urinária e tumores de bexiga, podem apresentar sintomas semelhantes aos da bexiga hiperativa e devem ser investigados.

A prevalência da bexiga hiperativa é pouco compreendida. No passado, muitos investigadores achavam que estes sintomas de disfunção miccional, como urgência urinária e freqüência urinária aumentada, eram pouco incômodos e não causavam problemas significativos para os pacientes. Novas pesquisas demonstraram que a tríade de sintomas – freqüência aumentada, urgência urinária e urge-incontinência –, isolados ou em combinação, apresenta um significativo impacto na qualidade de vida das pessoas.

Muitas pessoas com bexiga hiperativa adaptam seus hábitos e sua forma de viver para acomodar o desconforto dos sintomas. Desta forma, iniciam uma restrição de líquidos, urinam com hora certa ou, então, na primeira sensação de urgência urinária. Viagens de carro e férias são limitadas pelos sintomas. Visitas a *shoppings*, locais públicos, locais de diversão, cinema, teatro ou até compromissos sociais começam a ser adiados ou até recusados. Achar banheiros públicos acessíveis e uma maneira de fazer um "mapa" deles, torna-se uma fonte de ansiedade. Inicialmente, aumentando a freqüência de micções, os pacientes tentam diminuir o número de episódios de incontinência.

Os sintomas típicos de bexiga hiperativa incluem:

– Um desejo forte e súbito de urinar que não pode ser controlado (urgência urinária).
– A necessidade de esvaziar a bexiga freqüentemente, normalmente mais do que oito vezes ao dia (freqüência urinária aumentada).
– Perda urinária, se a sensação de urgência não pode ser suprimida. A perda urinária ocorre no caminho para o banheiro ou durante mudança de posição, como, por exemplo, levantar-se de uma cadeira (urge-incontinência).
– Levantar várias vezes à noite devido à necessidade de urinar (nictúria).

Considerada anormal em qualquer idade, a bexiga hiperativa é uma condição muito freqüente que afeta ambos os sexos, mas é mais comum na mulher. Muitas pessoas nunca descreveram seus sintomas de bexiga hiperativa devido à percepção errônea de que não existe tratamento adequado para o problema, ou que os sintomas seriam apenas uma conseqüência da faixa etária.

Os sintomas de bexiga hiperativa podem incluir freqüência urinária aumentada, urgência para urinar e/ou perda urinária.

✓ Urinar com muita freqüência é o primeiro sintoma e um dos mais comuns. A necessidade de usar o banheiro mais de oito vezes ao dia (incluindo mais de duas vezes à noite) não é incomum nos pacientes com bexiga hiperativa. Vontade de urinar novamente pode ocorrer logo após a bexiga ter sido esvaziada.

✓ O segundo sintoma é a urgência urinária, definida como uma necessidade súbita e premente de esvaziar a bexiga imediatamente, às vezes sem chance de retardar a micção.

✓ A urgência também pode causar o terceiro sintoma, a urge-incontinência: quando surge a urgência urinária e o indivíduo não encontra rapidamente um local adequado para urinar, poderá sofrer um episódio de incontinência urinária. É a perda involuntária súbita de urina, com volume variável, após um desejo intenso e súbito de urinar.

Se você apresenta algum dos sintomas demonstrados na figura abaixo, não se esqueça de um fato importante – a bexiga hiperativa pode ser tratada, independentemente da causa.

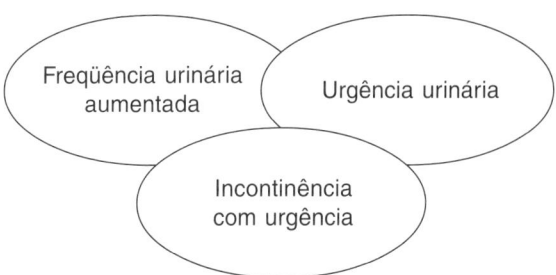

Fig. 7. Principais sintomas da bexiga hiperativa.

Responda aos questionários a seguir e veja se você tem este problema

Para facilitar o diagnóstico, é importante que você responda a este pequeno questionário, que traz os principais sintomas da bexiga hiperativa:

	SIM	NÃO
• Freqüentemente tem desejo súbito e urgente de urinar?	O	O
• Em algumas ocasiões não chega a tempo ao banheiro?	O	O
• Freqüentemente urina mais de oito vezes ao dia?	O	O
• Levanta mais de duas vezes à noite para urinar?	O	O
• Vai ao banheiro tão freqüentemente que isso chega a interferir no seu trabalho diário?	O	O
• Limita a ingestão de líquidos fora de casa, para não se preocupar em achar um banheiro?	O	O
• Quando vai a um novo local, preocupa-se inicialmente em saber onde fica o banheiro?	O	O
• Evita locais onde pensa que não existem banheiros próximos?	O	O

	SIM	NÃO
• Usa absorvente ou forro para disfarçar e minimizar a perda urinária?	O	O
• Há quanto tempo nota estes sintomas?		

O questionário a seguir serve para identificar os pacientes que têm bexiga hiperativa e incontinência urinária associada (urge-incontinência).

QUESTIONÁRIO DE URGE-INCONTINÊNCIA

1. Algumas pessoas têm a sensação súbita de desejo de urinar e podem ter perda urinária neste momento. Com que freqüência isto acontece com você?

    ☐ Sempre (3) ☐ Algumas vezes (2) ☐ Raramente (1)
    ☐ Nunca (0)

2. Se você não consegue encontrar um banheiro, ou este está ocupado, e você está com urgência para urinar, com que freqüência perde gotas de urina ou molha a roupa?

    ☐ Sempre (3) ☐ Algumas vezes (2) ☐ Raramente (1)
    ☐ Nunca (0)

3. Você perde urina quando sente que a bexiga está cheia?

    ☐ Sempre (3) ☐ Algumas vezes (2) ☐ Raramente (1)
    ☐ Nunca (0)

4. O ato de lavar as mãos ocasiona perda urinária?

    ☐ Sempre (3) ☐ Algumas vezes (2) ☐ Raramente (1)
    ☐ Nunca (0)

5. O clima frio leva você a perder urina?

☐ Sempre (3) ☐ Algumas vezes (2) ☐ Raramente (1)
☐ Nunca (0)

6. Quando você ingere bebida gelada, ocorre perda urinária?

☐ Sempre (3) ☐ Algumas vezes (2) ☐ Raramente (1)
☐ Nunca (0)

TOTAL DO ESCORE DE URGÊNCIA _____

Vamos organizar um diário das micções

Além da história clínica detalhada, que inclui as queixas do paciente e um diário miccional (registro da hora, do volume urinado e dos episódios de perda), procura-se também demonstrar objetivamente a perda urinária (veja o exemplo a seguir).

CECURJ
Centro de Continência Urinária do Rio de Janeiro
www.incontinenciaurinaria.med.br

DIÁRIO MICCIONAL

Nome:

Data:

INSTRUÇÕES: Marque com um ×, na coluna apropriada, a hora mais próxima em que você urinou no banheiro. Em caso de episódio de perda urinária, anote o motivo da incontinência (tosse, espirro, urgência). Descreva o tipo e a quantidade de ingestão de líquido (por exemplo, um copo, xícara /água, café).

Horário	Urinei no banheiro	Tive uma pequena perda urinária	Tive uma grande perda urinária	Motivo da perda urinária	Tipo/quantidade de líquido ingerido
06 – 08					
08 – 10					
10 – 12					
12 – 14					
14 – 16					
16 – 18					
18 – 20					
20 – 22					
22 – 00					
Durante a noite					
Nº de absorventes usados hoje:			Nº de episódios de incontinência:		

Outros exames para o diagnóstico

A ultra-sonografia transvaginal pode ser indicada para estudar a uretra e a bexiga da paciente.

A avaliação urodinâmica (exame especializado que utiliza computador e que registra a função da bexiga, uretra e músculos perineais) deve ser indicada nos casos em que a história clínica não é típica e nos casos duvidosos ou que mereçam maior esclarecimento.

Os testes diagnósticos são simples e muito eficientes. Quase todos são realizados no próprio local da consulta.

Diagnóstico diferencial

É importante que se faça o diagnóstico diferencial com outras doenças que possam apresentar sintomatologia semelhante. Abaixo, alguns dos exemplos que podem confundir o diagnóstico:

- Infecção urinária – Cistite.
- Câncer de bexiga.
- Tumores de próstata.
- Doenças neurológicas.
- Diabete.
- Lesões da bexiga por acidente vascular cerebral.
- Traumas da coluna vertebral e cérebro.

Na incontinência urinária de esforço, os pacientes perdem urina ao tossir, espirrar ou fazer algum esforço físico, como demonstrado na figura a seguir.

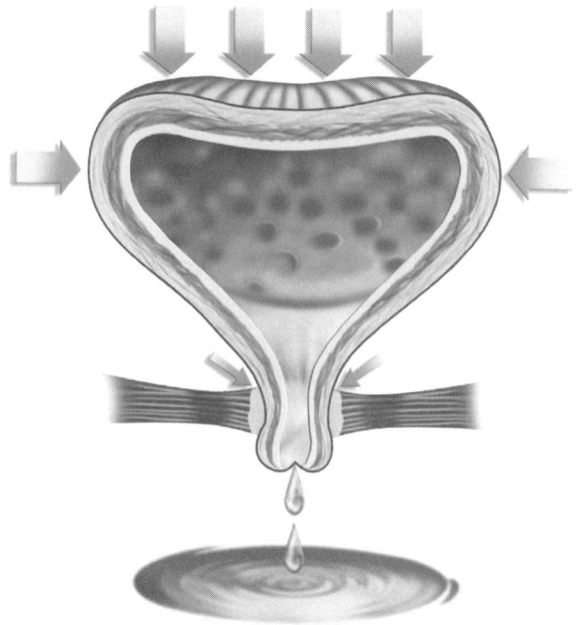

Fig. 8. No momento da tosse ou espirro, a bexiga sofre a pressão do abdômen, e neste instante acontece a perda urinária.

Em 30% a 40% dos paciente pode haver a combinação de sintomas de bexiga hiperativa e de incontinência de esforço. É a chamada incontinência urinária mista.

O impacto da bexiga hiperativa na qualidade de vida

Você acha que a bexiga hiperativa não representa um grande problema na sua vida? Com certeza, esta não é uma condição que lhe traga algum risco de vida. Você pode até nem se lembrar de que modificou vários hábitos por causa dela, ou então estar razoavelmente satisfeito com a maneira a que adaptou sua vida em função dos seus sintomas.

Porém, você deve estar ciente de que a bexiga hiperativa pode ser facilmente tratável, e que este quadro não é normal em qualquer idade. Provavelmente, esta é a ocasião para você saber as diversas maneiras através das quais a bexiga hiperativa causa limitações ao seu cotidiano.

Tendo sintomas de bexiga hiperativa, você pode apresentar:

- Distúrbios do sono e perda da produtividade diária, devido ao fato de ter de se levantar para ir ao banheiro mais de duas vezes durante a noite.
- Diminuição da atividade sexual, devido à ansiedade e vergonha pela perda urinária durante as relações.
- Perda de importantes encontros e reuniões, devido a freqüentes idas ao banheiro.
- Abandono de exercícios físicos pelo receio de estar muito distante de um banheiro.
- Procura habitual por indicações dos banheiros durante o planejamento de atividades, tais como viagens ou idas a *shoppings*, baseada no conhecimento prévio de onde os banheiros possam ser encontrados facilmente.
- Recusa a convites para reuniões sociais com amigos e com a família, pela vergonha de visitar o banheiro freqüentemente ou pelo medo de acontecer um episódio de perda urinária.

- Preferência a sentar na poltrona do corredor em transportes públicos, cinemas, teatros, a fim de conseguir sair a tempo de procurar um banheiro.
- Freqüente uso de uma muda de roupa, para o caso de perda urinária acidental.
- Uso de roupa escura e de dimensões largas para disfarçar a utilização de absorventes ou sinais de perda urinária.
- Em viagem de carro, posse de uma vasilha para a eventual necessidade de urinar, principalmente em longas distâncias e entre os postos de combustível.
- Uma condição de que ninguém fala e para a qual, erroneamente, acredita que não há esperança ou tratamento.

Você pode pensar também em outras formas pelas quais a bexiga hiperativa tenha modificado o seu comportamento diário, ou mesmo afetado a sua auto-estima. Mesmo assim, é difícil imaginar como a bexiga hiperativa afeta tantos aspectos da sua vida, assim como os das pessoas ao seu redor.

Mas uma ação objetiva pode ajudá-lo a tomar uma decisão e uma atitude.

A bexiga hiperativa é uma condição clínica crônica, mas tratável, que ocorre em mais de 50 milhões de pessoas no mundo todo. Ninguém está imune a esta condição. Os médicos tratam diariamente milhares de casos semelhantes ao seu. Você deve a si mesmo a procura do tratamento e o seu retorno a uma vida mais normal, com a diminuição da vergonha, da ansiedade, da neurose e do isolamento que podem resultar dos sintomas de bexiga hiperativa.

É interessante que uma das primeiras perguntas que o paciente faça em viagens seja: "Por favor, onde fica o banheiro?" Embora esta seja uma pergunta embaraçosa em qualquer língua, infelizmente ela se torna um tormento para mais de 50 milhões de pessoas que sofrem de bexiga hiperativa. A vida com este tipo de problema envolve diversas idas ao banheiro, às vezes a cada duas horas ou menos durante o dia, várias vezes à noite, uma sensação urgente para urinar e o receio de não chegar a tempo ao toalete.

O efeito da bexiga hiperativa na vida das pessoas é dramático. O receio de acontecer um episódio súbito de perda urinária leva as pessoas a mudarem o seu comportamento e a adotar mecanismos e estratégias de prevenção, a fim de evitar qualquer acidente de perda urinária. Em geral, os indivíduos mantêm-se alertas sobre os seus sintomas, limitando seus passeios ou viagens a lugares onde conhecem a localização dos banheiros. Esta prática é conhecida como o "mapa dos banheiros".

Também é comum que as pessoas evitem a prática sexual para não ter que comentar com o seu parceiro sobre seus problemas urinários e ainda pelo receio de perder urina durante o ato.

Outros pacientes utilizam absorventes ou fraldas geriátricas para tentar esconder o seu problema ou se sentir mais seguros. Os absorventes podem ser considerados uma forma de minimizar os problemas urinários, mas não fazem nada para tratar a base do problema, que é o mau funcionamento da bexiga. Muitos pacientes reclamam dos absorventes pelo incômodo que representam, tanto pelo volume, como pelo odor de urina.

O sintoma de urgência urinária é muito incômodo para um paciente com bexiga hiperativa. Se você sofre de urgência miccional, tem um tempo extremamente limitado para chegar ao banheiro. Com certeza, você deve conhecer alguém com um problema de bexiga hiperativa. Esta pessoa tem sintoma de urgência urinária e comumente deixa passar oportunidades para viajar ou visitar alguém, por causa do seu problema urinário. Ou, então, você deve conhecer alguém que tenta diminuir seus sintomas utilizando o banheiro freqüentemente ou diminuindo a ingestão de líquidos.

A freqüência urinária aumentada, ou a ida ao banheiro mais vezes do que o normal, leva a um grande impacto na qualidade de vida das pessoas. Imagine o constrangimento de descer uma escadaria no teatro ou cinema três ou quatro vezes durante uma sessão para procurar o banheiro, ou ficar preocupado com a próxima ida ao banheiro e perder uma boa parte do filme. Ou, ainda, suponha que você esteja em uma importante reunião de negócios e tenha de pedir licença para ir ao banheiro pela terceira vez em menos de duas horas.

Viver desta maneira não só é desnecessário, como pode causar problemas físicos adicionais. Por exemplo, beber pouco líquido como defesa para a freqüência urinária pode causar desidratação.

Se não for tratada, a bexiga hiperativa pode ocasionar inúmeros problemas emocionais, incluindo diminuição da auto-estima, vergonha e depressão. A bexiga hiperativa interfere em quase todos os aspectos da vida cotidiana: relacionamentos, atividades sociais, exercícios físicos, produtividade na vida profissional, além de influenciar nos aspectos sexuais.

A bexiga hiperativa é um problema muito comum, mas não deve ser aceita como parte normal da vida. É importante relembrar que você ou outras pessoas que porventura sofram deste problema não estão sozinhos. Muitas mulheres e homens (existe uma leve predominância nas mulheres) de qualquer faixa etária podem ter bexiga hiperativa. Embora este problema aumente com a idade, não é considerado uma conseqüência do envelhecimento.

Infelizmente, mesmo que você conheça alguém com bexiga hiperativa, nem sempre a pessoa admitirá que apresenta este problema, porque acha difícil discutir o assunto e tem vergonha de falar a respeito.

A relutância em abordar o assunto, que é um verdadeiro tabu, pode progredir para um problema maior, com sua retirada progressiva da vida social, impondo-se um auto-isolamento. Os pacientes que sofrem de bexiga hiperativa, com as suas constantes recusas a convites e desculpas, podem até ofender seus amigos e familiares, fazendo com que o distanciamento aumente cada vez mais.

Os pacientes com bexiga hiperativa, em geral, evitam conversar sobre o assunto com seu médico, porque têm vergonha ou acham que isto é natural na sua faixa etária. Além disto, muitos dos pacientes não tiveram a atenção merecida direcionada para o seu problema urinário.

O impacto da bexiga hiperativa no indivíduo pode ser expresso da seguinte forma: "Ela não mata você, apenas retira você de sua vida".

Em adição aos problemas físicos, o impacto real causado pela bexiga hiperativa é sentido na qualidade de vida. Se não for tratada, a bexiga hiperativa pode incomodar sua rotina normal durante as 24 horas diárias.

- Problemas no trabalho:
    - Ausências regulares ou saídas freqüentes da mesa.
    - Saídas freqüentes de reuniões importantes.
    - Falta de concentração.

- Relações pessoais colocadas em jogo:
    - Preocupação constante e mudanças de hábitos aumentam o estresse com as pessoas queridas.
    - Diminuição ou até recusa de intimidade sexual pela ansiedade, receio e vergonha da perda urinária.
    - Isolamento dos amigos e da família.
    - Inabilidade para se tornar sociável devido à vergonha e ao medo de não achar um banheiro a tempo.
    - Recusa a viagens ou saída para outros locais fora do ambiente familiar quando não se tem conhecimento preciso dos locais dos banheiros.

- Perda da saúde:
    - Suspenção de exercícios físicos para prevenir perda urinária em ambientes públicos.
    - Redução da ingestão de líquidos para diminuir idas ao banheiro.
    - Falta de vitalidade; fadiga.
    - Cansaço crônico pelo sono irregular devido a várias idas ao banheiro, resultando em fadiga.

- Problemas psicológicos:
  - Vergonha de falar sobre o assunto.
  - Depressão, perda de autoconfiança, culpa e medo de que sintam o odor de urina.
  - Ansiedade pela perda urinária.

Em relação à escala negativa de qualidade de vida, a bexiga hiperativa perde apenas para a depressão. Os aspectos psicológicos ocasionados por este problema fazem com que os pacientes sofram intensamente com ele. O gráfico a seguir demonstra os níveis de perda de qualidade de vida em diversas condições de saúde.

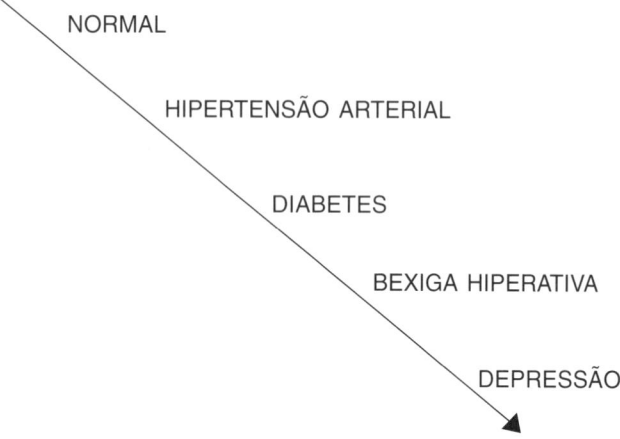

Gráfico 1. Na escala de qualidade de vida, a bexiga hiperativa perde apenas para a depressão.

10

Como posso melhorar da bexiga hiperativa?

Boas notícias: assim como em outras condições médicas, a bexiga hiperativa é fácil de tratar. Milhares de pessoas estão sendo auxiliadas nesta condição clínica.

No passado, os tratamentos de bexiga hiperativa geralmente não eram considerados muito efetivos ou toleráveis. Mas agora, novas medicações orais e com poucos efeitos colaterais, que foram especialmente desenvolvidas para tratar a bexiga hiperativa, já estão disponíveis.

O primeiro e mais importante passo para controlar a bexiga hiperativa é conversar com seu médico a respeito do seu problema. Após a realização do diagnóstico e do início do tratamento adequado, sua qualidade de vida retornará à normalidade.

Como os sintomas deste problema são o resultado de contrações do músculo da bexiga (detrusor) de maneira involuntária durante a fase de enchimento vesical, e estas contrações estão sob o controle do sistema nervoso parassimpático, o objetivo primário do tratamento farmacológico é diminuir a hiperatividade detrusora e, desta forma, aumentar o tempo entre as micções, diminuindo o desconforto da urgência urinária. As medicações utilizadas para tratar a bexiga hiperativa têm ação primária do tipo antimuscarínica ou atividade anticolinérgica, atuando nas terminações nervosas da musculatura do órgão em questão.

A etiologia da bexiga hiperativa é multifatorial, e as formas de tratamento consistem em várias medidas, nas quais se incluem, principalmente, o tratamento comportamental, o medicamentoso e a reabilitação do assoalho pélvico com fisioterapia especializada.

Tratamentos não invasivos:

- Medicamentoso.
- Comportamental.
- Exercícios pélvicos.
- Eletroestimulação.
- *Biofeedback*.

1. Terapia medicamentosa

Atualmente, muitos casos podem ser tratados exclusivamente com medicamentos, que agem sobre o músculo e na inervação da bexiga e da uretra. Os agentes anticolinérgicos devem ser considerados como uma terapia de primeira linha para os pacientes com bexiga hiperativa. Estas substâncias são as mais utilizadas no tratamento do sintoma de urge-incontinência. Elas inibem a aderência da acetilcolina aos receptores colinérgicos existentes no músculo da bexiga (detrusor) e suprimem as suas contrações involuntárias.

oxibutinina. Apresenta propriedade anticolinérgica e relaxante da musculatura lisa. Possui afinidade também com as glândulas parótidas e com o sistema nervoso central. Seus efeitos fazem com que haja um relaxamento do músculo da bexiga, controlando a hiperatividade vesical e a urge-incontinência. O efeito colateral mais freqüente é a boca seca, que é dependente da dose utilizada e é a maior razão para a descontinuidade do tratamento. As doses devem ser adaptadas para a população geriátrica, a fim de diminuírem os efeitos colaterais da droga. Para se reduzirem estes efeitos colaterais, várias vias alternativas de administração foram desenvolvidas, incluindo formas de liberação lenta, aplicação na pele ou sistema de liberação da medicação no interior da bexiga. Este último apresenta o inconveniente de necessitar de cistoscopia (endoscopia urinária) para sua inserção e remoção.

tolterodina. O tartarato de tolterodina é um agente farmacológico recentemente introduzido especificamente para o tratamento da bexiga hiperativa. É uma substância com maior especificidade para a bexiga; por isto, apresenta uma ação maior no seu músculo do que nas glândulas salivares. Com esta ação, o efeito de boca seca, comum nas medicações para bexiga hiperativa, é bastante atenuado.

A tolderodina é um antagonista de receptor muscarínico utilizado para o tratamento de urgência, urge-incontinência e freqüência urinária aumentada, causada por hiperatividade detrusora. Esta substância e seu metabólito ativo 5-hidroximetil (DD01) são mais ativos na bexiga do que nas glândulas salivares. A tolterodina foi desenvolvida especificamente para o tratamento da bexiga hiperativa.

Em vários estudos, a tolterodina apresentou os mesmos benefícios terapêuticos do que a oxibutinina, porém com menos efeitos colaterais.

Em revisão de quatro estudos de tolterodina, em pesquisas de 12 semanas, a dose ideal foi de 4mg ao dia; a tolterodina teve eficácia similar quando comparada com a oxibutinina e foi associada a um número menor de efeitos colaterais, especialmente boca seca. Os efeitos adversos incluem boca seca, dispepsia, cefaléia e constipação. Estes eventos ocorrem em menor incidência para a tolterodina do que para a oxibutinina.

Em estudo clínico internacional, coordenado pela Universidade de Maastrich (Holanda), demonstrou-se que os pacientes que tomaram a nova formulação de Tolterodina LA (longa ação) – dose única diária de 4mg – tiveram uma redução de 71% nos episódios de incontinência por semana, comparados a 60% dos pacientes tratados com doses de 2mg divididas em duas tomadas. Houve uma redução de 18% na média dos episódios de incontinência urinária. Neste estudo foram avaliados 1.529 pacientes.

"Bexiga hiperativa é uma condição extremamente desagradável, mas é tratável", disse o principal investigador do estudo, cujos resultados são os mais promissores até o momento na pesquisa de medicações para bexiga hiperativa. "A Tolterodina LA mostrou-se altamente eficaz no alívio dos sintomas da bexiga hiperativa, com um baixo número de efeitos colaterais. O estudo demonstrou que a nova formulação de Tolterodina LA – 4mg ao dia é o agente terapêutico mais avançado para o tratamento da bexiga hiperativa, porque ultrapassa a eficácia e a tolerabilidade da forma já conhecida anteriormente." Além disto, a dose única diária fornece ao paciente maior comodidade e aderência ao tratamento.

A nova formulação de tolterodina de liberação lenta (Detrusitol LA) tem eficácia similar ao produto de liberação rápida, porém apresenta menor número de efeitos colaterais.

A tolterodina pode ser considerada como a droga de primeira escolha para a tratar bexiga hiperativa em diversos grupos de pacientes: jovens, idosos, portadores de insuficiência renal ou hepática.

darifenacina. É um novo agente bloqueador muscarínico que foi testado em grupo placebo-controlado e que mostrou melhora nos parâmetros urodinâmicos, utilizando uma dose de 10mg ao dia. Estudos demonstraram que a darifenacina também melhora a qualidade de vida dos pacientes.

solifenacina. É outra substância que está sendo testada para o uso clínico na bexiga hiperativa.

Todas as drogas anticolinérgicas são contra-indicadas em pacientes com glaucoma, obstrução vesical e miastenia grave. Os efeitos colaterais mais comuns são boca seca, constipação, náuseas, visão turva e estado mental alterado.

antidepressivos tricíclicos. Os agentes tricíclicos devem ser reservados para pacientes selecionados e muito bem avaliados. Os efeitos colaterais, como fadiga, visão turva e hipotensão postural, podem ocorrer principalmente em pacientes idosos.

capsaicina e resiniferatoxina. São substâncias instiladas no interior da bexiga através de cateterismo. Estes agentes são antagonistas neurais que causam redução prolongada dos sintomas de hiperatividade da bexiga, mas a resiniferatoxina causa menos efeitos colaterais.

toxina botulínica. Esta substância é injetada na bexiga e atua ligando-se às terminações nervosas do detrusor, bloqueando a liberação de substâncias que causam a contração muscular. Condições urológicas comuns, tais como hiper-reflexia detrusora (alterações da bexiga por causa neurológica) e bexiga hiperativa refratária, poderão ser tratadas com toxina botulínica. Esta nova terapia poderá melhorar as contrações involuntárias, restaurando a função vesical normal.

estrógenos. Alguns componentes da uretra são sensíveis à ação direta dos estrógenos, tais como tecidos vasculares, a musculatura lisa e o urotélio (tecido que reveste o interior da bexiga). Além disto, os estrógenos agem nos receptores alfa-adrenérgicos, estimulando a ação dos neurotransmissores e facilitando o aumento da pressão intra-uretral. Existe vantagem na aplicação vaginal, pela menor absorção e com maior efeito local.

2. Terapia comportamental

Mudanças no seu estilo de vida podem melhorar o controle da bexiga.

Em um indivíduo normal, a sensação do momento da micção ocorre de uma maneira controlada, sem urgência, exceto quando ele ultrapassa o limite fisiológico do ato em si. Situação conflitante ocorre quando os sinais para uma micção, que antes eram silenciosos e perfeitamente controlados, sem grandes inconvenientes, passam a se apresentar com uma sensação de urgência, obrigando o paciente a interromper suas atividades para satisfazer os anseios fisiológicos.

Os pacientes com sintomas de bexiga hiperativa devem seguir alguns preceitos de dieta e de comportamento diário, para que possam iniciar o seu tratamento:

a) Ingestão adequada de líquidos – Não devem ingerir líquido em excesso, o que evita uma sobrecarga ao trato urinário inferior, pois esta mesma sobrecarga induz à urgência e, talvez, à urge-incontinência. O volume urinário diário deve estar em 1500ml/dia. Condutas clínicas como esta têm determinado satisfação em cerca de 50% dos pacientes.

b) Urinar em intervalos regulares, evitando um volume urinário excessivo, que pode provocar uma sensação de urgência/urge-incontinência.

c) Controlar a sensação eminente da micção – Frente à sensação imperiosa de micção, o paciente deve se concentrar em ativar o sistema auxiliar de controle miccional (contração voluntária do esfíncter externo) até o desejo se extinguir. Somente neste momento, ele deve dirigir-se ao banheiro para urinar. Reforçando este conceito, frente à sensação eminente de micção, estando o paciente a realizar qualquer atividade, deverá estimular uma vigorosa contração dos músculos do assoalho pélvico, o que tende a inibir o estado de hiperatividade vesical.

O quadro a seguir demonstra as diversas formas de tratamento comportamental, com as quais o paciente poderá ajudar a melhorar seus sintomas de bexiga hiperativa.

Mudanças no estilo de vida podem auxiliar nos problemas de bexiga:

Ingerir líquidos adequadamente	Indivíduos com sintomas urinários geralmente limitam a ingestão de líquidos para que não precisem urinar freqüentemente. Pacientes com urge-incontinência e que tenham uma ingestão de líquidos superior a 2l por dia podem ter uma redução do número de micções somente com a diminuição da ingestão. A redução de líquidos após as 18:00h. pode diminuir os episódios de micção ou incontinência noturna.

Parar de fumar	A nicotina é um irritante para a bexiga, causando contrações vesicais e urgência para urinar. Um fumante que mantém o vício há muito tempo pode apresentar tosse crônica e incontinência aos esforços. Parar de fumar pode auxiliar na diminuição dos sintomas urinários.
Modificar a dieta	Pacientes com urgência urinária ou urge-incontinência podem se beneficiar da redução da ingestão de cafeína. Os pacientes apresentam melhora destes sintomas desagradáveis diminuindo a quantidade de café ingerida diariamente. A eliminação de um ou de todos os alimentos ou bebidas abaixo pode auxiliar na melhora do controle da bexiga: • Bebidas alcoólicas, incluindo cerveja e vinho. • Frutas e sucos cítricos. • Alimentos apimentados. • Bebidas carbonatadas. • Açúcar e mel. • Derivados de leite. • Refrigerantes com cafeína, chás, café (mesmo descafeinado). • Adoçantes artificiais.

Manter o peso adequado	A redução de peso está associada à melhora dos sintomas urinários, devido a uma menor pressão na bexiga.
Manter a regularidade intestinal	A constipação e a dificuldade para evacuar ocasionam aumento de pressão na bexiga, levando à incontinência urinária. Um regime de fibras, aumento de ingestão de líquidos e exercícios físicos ajudam a melhorar este problema.

As medidas educativas podem melhorar muito os sintomas de bexiga hiperativa.

Fig. 9. O tratamento comportamental é importante na terapia da bexiga hiperativa.

3. Programas de reabilitação da musculatura pélvica

Os pacientes obtêm uma melhora mais acentuada dos seus sintomas ao fazerem concomitantemente programas de fisioterapia pélvica específicos para urgência e incontinência urinária, incluindo técnicas como exercícios de reeducação muscular do assoalho pélvico e correção postural, *biofeedback*, eletroestimulação e utilização de cones (dispositivos) vaginais.

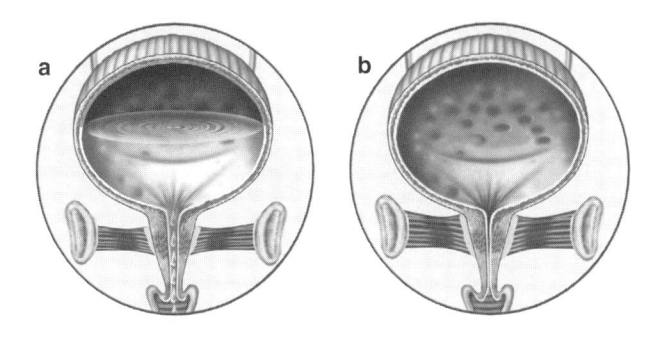

Fig. 10. Os exercícios da musculatura pélvica melhoram a tonicidade muscular e o controle urinário, diminuindo a urgência e evitando perdas urinárias.
a) Musculatura frágil e perda urinária; **b)** Musculatura mais desenvolvida e ausência de perda urinária.

3.1 Reabilitação da região perineal

Nas mulheres, em decorrência de lesões produzidas principalmente pelos partos, é comum o mau funcionamento (disfunção) destes músculos. Estas disfunções causam problemas como perda de urina (incontinência urinária) e de fezes (incontinência fecal), abaulamentos na vagina (prolapsos de órgãos internos) e disfunções sexuais. De acordo com o grau de lesão existente, o tratamento das disfunções do assoalho pélvico pode ser feito com cirurgia ou, em casos menos severos, com fisioterapia de reabilitação do períneo. Portanto, a reabilitação do períneo engloba um conjunto de tratamentos utilizados para restaurar as funções dos músculos do assoalho pélvico feminino.

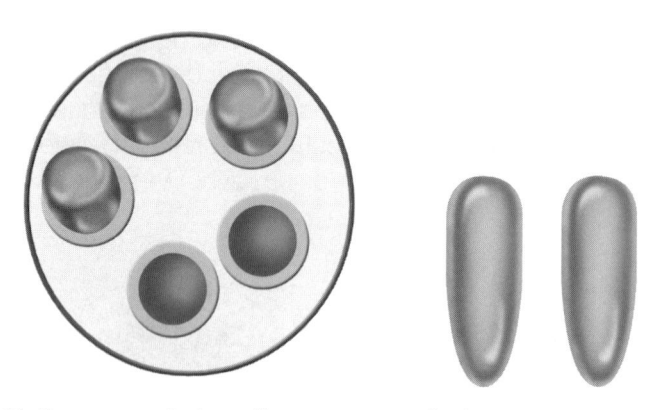

Fig. 11. Os cones vaginais auxiliam na recuperação da musculatura do assoalho pélvico.

3.2 Biofeedback

É um método de treinamento da musculatura do assoalho pélvico que ajuda a melhorar a execução dos exercícios de reabilitação do períneo. É um tratamento moderno e simples que tem sido utilizado em todo o mundo e está disponível em diversos centros especializados no Brasil.

O *biofeedback* tem sido utilizado para ajudar as pessoas a reconhecer grupos de músculos do períneo, facilitando sua contração e relaxamento. Por isso, recentemente, foi reconhecida sua utilidade no tratamento da incontinência urinária.

A utilização de exercícios para a musculatura pélvica no tratamento da incontinência urinária foi descrita no final da década de 1940 pelo ginecologista Arnold Kegel, utilizando um aparelho de pressão especialmente desenvolvido para ensinar às suas pacientes como reforçar os músculos que dão suporte à bexiga e outros órgãos pélvicos. Já se sabia que, nas mulheres, os músculos pélvicos são freqüentemente lesionados durante um parto e perdem força devido à redução dos níveis hormonais na menopausa. A associação das técnicas de *biofeedback* aos exercícios da musculatura pélvica (exercícios de Kegel) aumenta a efetividade do tratamento.

Atualmente, os aparelhos de *biofeedback* são computadorizados e servem para ensinar os exercícios de Kegel (exercícios para musculatura pélvica). O primeiro passo na realização deste tratamento é aprender quais são os músculos corretos para se contrair e relaxar. Com a repetição dos exercícios, a musculatura se torna mais forte e eficiente no controle das funções do assoalho pélvico. Para as pacientes com urge-incontinência, esta informação é utilizada para o planejamento de um programa personalizado de exercícios que aumentarão seu controle urinário.

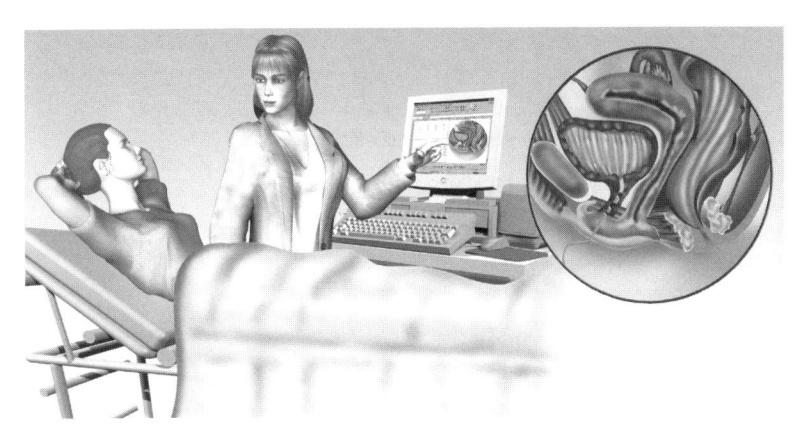

Fig. 12. O *biofeedback* serve para ensinar quais são os músculos corretos para se contrair e relaxar.

No momento da urgência urinária ou na urge-incontinência, a paciente é ensinada a utilizar a musculatura pélvica para inibir contrações involuntárias da bexiga ou conter a urina até a chegada ao banheiro. Na incontinência urinária de esforço, o profissional de saúde especializado nesta técnica ensina quando e quais músculos devem ser contraídos para controlar a perda urinária durante a tosse, espirro ou outra atividade física.

O *biofeedback* pode, ainda, ser utilizado em conjunto com medicamentos ou como coadjuvante no tratamento cirúrgico. Esta técnica promove o aprendizado para controlar os músculos do períneo, sendo segura e eficaz e não apresentando efeitos colaterais.

O tratamento da bexiga hiperativa deve ser progressivo, iniciando-se sempre com medicação e tratamento comportamental.

O Gráfico abaixo demonstra as diversas formas de tratamento e sua indicação progressiva.

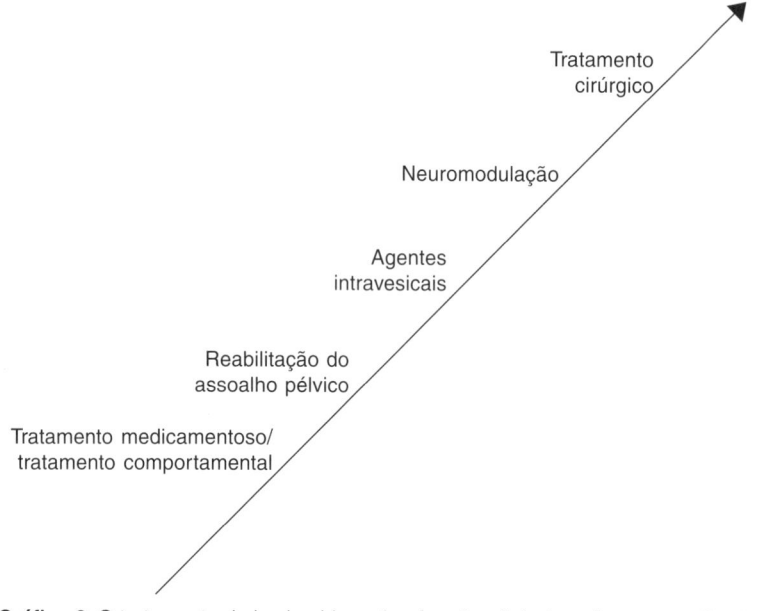

Tratamento cirúrgico

Neuromodulação

Agentes intravesicais

Reabilitação do assoalho pélvico

Tratamento medicamentoso/ tratamento comportamental

Gráfico 2. O tratamento da bexiga hiperativa é muito eficiente e deve ser realizado de forma progressiva.

BEXIGA HIPERATIVA

- Problema muito freqüente.
- Pacientes têm vergonha de falar a respeito.
- Impacto importante na qualidade de vida.
- Pacientes não são diagnosticados e tratados.
- Tratamento preferencial: medicações anticolinérgicas.

11

Mitos e fatos

Mito
"Bexiga hiperativa é uma parte inevitável do envelhecimento."

Fato
A bexiga hiperativa, que afeta milhões de homens e mulheres em qualquer faixa etária, não é uma conseqüência natural da idade e não deve ser considerada normal em nenhuma idade. Nunca é tarde para buscar auxílio e melhorar do seu problema urinário. O tratamento efetivo melhora bastante a sua qualidade de vida, reduzindo sua dependência física e previnindo admissões em casas geriátricas, em função dos problemas urinários.

Mito
"Isto é normal."

Fato
Idas freqüentes ao banheiro, levantar várias vezes à noite para urinar, ter um desejo súbito e incontrolável para urinar e ainda o receio de não chegar a tempo ao banheiro são sintomas muito comuns desta condição clínica. Mas mesmo sendo muito comuns não são normais, merecendo todo o cuidado no tratamento.

Mito
"Eu não tenho bexiga hiperativa. Isto é um problema de mulheres idosas."

Fato
O fato é que qualquer pessoa, em qualquer idade, pode desenvolver bexiga hiperativa. Alguns grupos, tais como idosos e mulheres, desenvolvem este quadro mais freqüentemente do que outros, mas ninguém está imune a este problema.

Mito

"Não vejo necessidade de procurar meu médico. Não há muito o que fazer pela bexiga hiperativa."

Fato

A bexiga hiperativa é uma condição médica tratável sobre a qual você deve conversar com seu médico. Atualmente, pacientes com esta condição têm ao seu dispor múltiplas opções de tratamento, incluindo medicações modernas e bem toleradas. Se você acha que tem bexiga hiperativa, relate seus sintomas a seu médico. Você poderá retornar a uma vida mais normal; basta apenas conversar a respeito.

Mito

"Bexiga hiperativa não é um grande problema."

Fato

A bexiga hiperativa pode ter um efeito sério e debilitante em quase todos os afazeres diários, diminuindo drasticamente a qualidade de vida. Pode causar isolamento, depressão, muitas faltas ao trabalho, problemas familiares e disfunções sexuais. A extensão exata do problema não é bem conhecida porque, em geral, os pacientes demoram a procurar tratamento.

12

Depoimentos de pacientes

"Doutor, eu conheço todos os banheiros do Rio de Janeiro." Com este depoimento, dado na primeira consulta pela paciente DS, de 45 anos, resume-se o sofrimento enfrentado pelos pacientes com os sintomas de bexiga hiperativa.

Após o tratamento, a paciente declarou: "Minha vida melhorou muito. Já consigo ficar em reuniões de trabalho o tempo que for necessário, sem ter de ir ao banheiro a toda hora. Minha vida sexual também voltou ao normal".

"Sou uma pessoa que gosta de passear, ir à praia, teatro, cinema e reuniões familiares", relata a paciente AGG, de 76 anos. "Enfim, gosto de desfrutar das diversões que ainda são permitidas à terceira idade. Devido ao meu problema urinário, fui me isolando e deixando de participar das diversões que tanto aprecio. Nas ocasiões em que ia ao dentista, tinha de ir ao toalete antes de voltar para casa e, quando chegava, ia correndo urinar. Quando estava com a bexiga um pouco mais cheia, não agüentava lavar a louça, deixava tudo na pia e corria para o banheiro, já com perda de urina. Durante a noite, levantava-me para urinar e, antes de chegar ao banheiro, já estava perdendo urina. Todo este desconforto tirava o meu prazer de viver. Procurei então um Centro de Continência para tratamento especializado. Fui muito bem atendida e orientada quanto ao tratamento. Assim que comecei a tomar os remédios e fazer a fisioterapia pélvica, senti uma melhora em poucos dias."

Após o tratamento, a paciente declarou: "Hoje, após três meses, voltei a me distrair, sem aquela preocupação de perder urina em ocasiões e locais impróprios. A bexiga passou a conter a urina por mais tempo e eu aprendi a controlar melhor a musculatura do períneo. Noutro dia fui a um *show* e, ao regressar, liguei a televisão, e somente mais tarde fui urinar. Também passei a dormir a noite toda. Hoje em dia, sinto-me feliz e realizada, voltando a ter a mesma qualidade de vida."

"Antes eu tinha 'urina solta'", relatou MHB, de 73 anos.
"Agora estou muito melhor. Minha qualidade de vida melhorou muito. Saio de casa sem me preocupar em ficar urinando a toda hora."

"Sentia-me insegura, deprimida. Não tinha vontade nem de sair de casa", contou HS, de 73 anos.
"Agora sinto segurança até para viajar."

"Antes sentia-me muito mal com os meus problemas de urina", relatou RW, de 81 anos. "Depois do tratamento sinto-me bem, até saio de casa mais segura."

"Estou curada, nunca mais urinei na calça." Relato de MMR, de 72 anos.

LJM, de 76 anos, fez o seguinte comentário: "Estou ótima, nunca mais fiz 'xixi' na roupa."

JAC, de 52 anos, contou: "Doutor, eu conheço a maioria dos banheiros do Rio de Janeiro. Após o tratamento, melhorei muito. Minha bexiga normalizou."

TSS, de 44 anos: "Sentia necessidade de urinar a toda hora. Não conseguia ir a um cinema ou fazer compras sem que tivesse de procurar um banheiro. Depois do tratamento, minha vida voltou ao normal. Já consigo controlar bem a urina."

DFA, 40 anos: "Eu tinha de urinar muitas vezes durante o dia. Em algumas ocasiões, tinha tanta urgência que perdia um pouco de urina. Com a medicação recomendada, melhorei totalmente. Não perco mais urina e consigo cumprir meus afazeres normalmente."

13

Mensagens finais

- Bexiga hiperativa é uma condição médica muito freqüente. Existem mais de 50 milhões de pessoas no mundo com este problema.
- A urgência urinária e principalmente a incontinência com urgência são os sintomas mais desagradáveis da bexiga hiperativa.
- A bexiga hiperativa é um problema desagradável que piora muito a qualidade de vida das pessoas.
- A bexiga hiperativa prejudica as atividades diárias dos pacientes, levando a diversos distúrbios emocionais, tais como, ansiedade, neurose e depressão, além de acarretar problemas na esfera sexual nas mulheres.
- A vergonha não deve desestimular a procura de tratamento adequado, realizado por uma equipe treinada e especializada.
- A bexiga hiperativa apresenta-se em pacientes de todas as idades, com uma predominância nas mulheres. É uma condição médica devida a diversas causas e com ótimas soluções no tratamento.
- Este problema, além do desconforto físico, gera constrangimento para os pacientes e reflete a piora de sua qualidade de vida.
- A perda do controle vesical não é uma conseqüência inevitável do envelhecimento. Não tenha vergonha, procure conversar a respeito.
- Embora não seja uma doença, e sim uma condição, a perda involuntária de urina não é normal, devendo ser investigada e tratada adequadamente.
- Atualmente existe uma variedade de novas opções de tratamento da bexiga hiperativa, que curam ou melhoram de maneira significativa este problema. Procure o seu médico.